Poemas de mi Corazón oscuro:

Un viaje entre sombras y versos

Alejandra Laureano

Primera edición

Copyright © 2024 Alejandra Laureano
Todos los derechos reservados.
ISBN:

Te dedico esta obra a ti, que me lees y me brindas tu tiempo; a quienes he perdido con el transcurso de los años y a quienes me han ayudado a encontrar mi rumbo en medio de la soledad. A mis guardianes de vida y a ti, mi niño de mirada cambiante, por apoyarme cuando más lo necesitaba.

ÍNDICE

1	Latidos en la penumbra	8
2	Renacer del corazón	10
3	Ecos de un Amor Mítico	12
4	La Gran Madre	14
5	El guardian de mi dolor	16
6	Ecos de luz y sombra	18
7	Latidos en la sombra lunar	20
8	Hasta Pronto, Alma Gemela	22
9	En el reino de las sombras	24
10	Entre Rosas y Vino	26
11	Eterno Renacer	28
12	Eclipse	30
13	El Amor en la Sombra del Bosque	32
14	Liberación en la Sombra	34
15	Pasión en el Reino de las Sombras	36
16	La Conjuración de la Luna	38
17	Alborada del Cambio	40
18	Encuentro con Pan	42
19	Sinfonía Eterna: La Lucha de Pan y su Amada por la Libertad de la Tierra	44

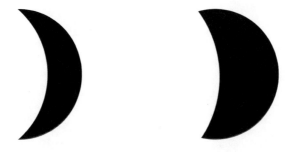

20	Danza de las Ninfas	46
21	El Lamento de la Fortaleza	48
22	Centinelas de la noche	50
23	En la Sombra De Mi Subconsciente	52
24	El Peso del Hermano Mayor	54
25	En la espera de Hades	56
26	Hécate, Señora de los Caminos	58
27	Danza con mi oscuridad	60
28	La Bailarina de Sombras	62
29	Canto a los Dioses del Olimpo	64
30	Fuego de la Noche	66
31	Ecos en la penumbra	68
32	Estrella de la Mañana	70
33	Anubis	72
34	La gran Diosa Isis	74
35	Ra	76
36	Libertad en la Penumbra	78
37	Canto a la Libertad de mi Tierra	80
38	Eternidad de Luna y Amor	82

Latidos en la penumbra

En el manto de la noche, te dibujo en la penumbra,
silueta de mis sueños, sombra eterna que me cubre.
Tus ojos, pozos oscuros, me arrastran sin rescate,
hacia un abismo dulce donde el dolor es suave.

Tu voz, susurro del viento, rompe el silencio frío,
en cada rincón oculto de mi pecho vacío.
A tu lado soy cautivo de una pasión sombría,
donde el amor y el miedo enredan su melodía.

Me acompaña siempre, fantasmas del deseo,
sin luz que nos alumbre, sin mañana ni cielo.
En la vasta penumbra, hallamos nuestro refugio,
en el eco silente donde el amor es bruma y silencio.

Renacer del corazón

En un mar de penas, mi corazón se ahoga,
herido por manos que nunca lo valoraron;
cada latido es un eco, una sombra
de promesas rotas y sueños que se quebraron.

Malos tratos llovieron sobre mi alma,
despreciando el amor que en ella habitaba;
como llamas voraces que el viento calmo,
ardieron mis esperanzas, y mi fe se marchitaba.

Pero en las cenizas de esta desdicha,
donde la oscuridad parece infinita,
nace un fuego que nunca se extingue,
una chispa que al dolor desafía.

El fénix en mi pecho despierta,
sus alas de luz rasgan la tormenta;
con cada pluma, el pasado se disipa,
y en el calor de su fuego, mi alma se reinventa.

Transformado por las llamas del renacer,
mi corazón, aunque marcado, vuelve a latir,
fuerte y brillante, listo para florecer,
sin miedo a amar, sin miedo a vivir.

Ecos de un Amor Mítico

En las colinas de olivos y laureles,
donde el Egeo susurra secretos al viento,
nace mi amor, eterno y ardiente,
como el fuego de Prometeo encendido.

Suspiro en los brazos de Afrodita,
pero encuentro dolor en su abrazo,
pues Eros, con su flecha certera,
ha dejado una herida que nunca sana.
En el Olimpo, los dioses se burlan
de mi destino marcado por los astros;
como Sísifo, empujando mi pena,
subo la montaña de mi desdicha eterna.

Oh, Eco, repite mis lamentos
al vacío donde Narciso se ahogó;
mi reflejo en tus ojos, querida,
es la condena de Tántalo en el agua.
Como Orfeo, canto a los cielos,
esperando que mi Eurídice regrese,
pero el Hades cruel y oscuro
se burla de mi amor, que siempre perece.
Zeus lanza rayos, y Hera me observa,
mientras mi corazón en el inframundo se hunde;
oh, dioses inmortales, ¿no tenéis piedad
para este mortal consumido en su dolor?

En cada estrella brilla la esperanza,
pero Atlas carga con mi desesperanza,
y aunque Perséfone vuelva en primavera,
mi amor y dolor en la eternidad se enredan.
Así, en la historia mitológica de Grecia,
mi amor es tragedia, mi dolor poesía,
una odisea sin fin en el alma,
donde mi corazón y el Olimpo convergen,
donde el amor y el miedo, enredan su melodía.

La Gran Madre

¿Quién te crees que eres para decirme qué hacer,
sí me abandonaste desde mis primeros pasos?
Cuando la luna aún acariciaba mi mejilla,
tú ya te habías cansado de cuidar de mí.

Me miras como hermana, no más como hija,
hija nacida de Lilith, que has despreciado por su genética.
Estoy cansada y agotada de tanto dolor,
y hoy renuncio a tu amor, madre mía,
para que seas feliz toda la vida.

¿Acaso no ves las marcas en mi alma?
¿Las noches en vela, los susurros de desesperanza?
Tu sombra se apartó y en su lugar quedó el vacío,
una ausencia que hiela, un abismo sombrío.

No quiero más tus migajas ni tus promesas vacías,
no quiero más tus palabras que siempre son mentiras.
Deja que me libere, que alce el vuelo lejos de ti,
pues en este adiós encuentro mi verdadero sí.

Te dejo con tus cadenas y tu mundo confuso;
yo prefiero el riesgo y el sendero difuso.
Quizás un día entiendas lo que hoy no ves,
que el amor no se mendiga, se da con el corazón a la vez.

Madre mía, en este instante me despido,
para buscar mi camino, para encontrar mi nido.
Que la vida te sonría, que encuentres paz en tu andar;
yo buscaré mi destino bajo un nuevo cielo, en otro lugar.

Donde el amor y el miedo enredan su melodía,
caminamos juntos, fantasmas del deseo,
sin luz que nos alumbre, sin mañana ni cielo.
En la oscuridad profunda hallamos nuestro hogar,
en el latido oscuro donde el amor es ceniza y mar.

El guardian de mi dolor

Sobre un trono de rocas y estrellas,
Atlas contempla el vasto horizonte,
con los cielos pesados sobre sus hombros
y un eterno deber que nunca se esconde.

"El peso del mundo llevo," murmura,
"y cada sufrimiento, cada pena oculta
en mis hombros reposa, en mi alma se adentra,
como una sombra que siempre me consulta."

Tus lágrimas, un río en mi monte,
tu dolor, un eco en mi pecho;
cada suspiro y gemido que sientes
es un incansable trecho en mi corazón.

"No temas, mortal, ni desesperes,"
susurra el dios con voz serena,
"tu carga es mía, y por siempre será,
pues soy el guardián de cada pena."

"Así como sostengo el cielo y la tierra,
sostendré tu dolor hasta la eternidad,
en un abrazo de granito y de viento,
nunca solo, siempre en mi realidad."

Y así, en la inmensidad del universo,
Atlas, el titán del peso y del tiempo,
carga no solo el cosmos infinito,
sino también tus penas, tus sueños y tu aliento.

Ecos de luz y sombra

En el crepúsculo, donde cielo e infierno se funden,
Diones, ángel de alas doradas, encontró a Máximo,
demonio de ojos llameantes. Sus miradas se cruzaron,
y un fuego se encendió, inextinguible para ambos mundos.

Diones, resplandeciente y pura, sentía una atracción
hacia la sombra de Máximo. Su piel, etérea y brillante,
su cabello dorado, y sus ojos profundos ocultaban
un amor voraz y oscuro.

En encuentros secretos, sus cuerpos se entrelazaban,
consumiéndose en un abrazo sin fin. Su amor, prohibido
y ardiente, desafiaba la comprensión y la razón,
hallando plenitud en lo que les negaban sus mundos.

Cada beso era una promesa de eternidad; cada caricia,
un pacto de pasión desenfrenada. Diones hallaba en la
oscuridad de Máximo la complementariedad que buscaba,
mientras él hallaba en su luz un bálsamo para su tormento.

A pesar del riesgo, su pasión les impulsaba a desafiar
todo peligro, conscientes de que su amor era una herejía
que estaban dispuestos a pagar. En la penumbra del edén
y el abismo, encontraron su destino.

Entre susurros de fuego y luz, tejieron un amor
prohibido y eterno. En alas doradas y miradas ardientes,
hallaron un deseo y un abrazo mortal,
en la noche eterna, su amor infernal.

Latidos en la sombra lunar

Bajo el manto de la luna celeste,
se oyen latidos de un amor en sombras,
susurros que el viento lleva al oeste,
donde la noche teje sus alfombras.

En la penumbra, dos almas se encuentran,
sus miradas se buscan sin cesar,
en un rincón donde los sueños
centran sus esperanzas en el lunar mar.

Cada latido es un eco distante
de un anhelo que jamás se desvanece;
son promesas en un murmullo errante
que en la bruma del deseo crece.

Las estrellas, testigos silentes,
dibujan caminos de luz dorada,
mientras los corazones valientes
bailan en sombras una danza alada.

Amor callado, secreto y profundo,
bajo el cielo que todo lo adorna,
en un abrazo que desafía al mundo,
bajo el manto de la luna, en la sombra.

Donde pasión y temor se entrelazan en su danza,
avanzamos unidos, sombras del anhelo,
sin claridad que nos guíe, sin esperanza de amanecer.
En la penumbra infinita encontramos nuestro refugio,
en el susurro nocturno donde el amor se funde con el silencio.

Hasta Pronto, Alma Gemela

Bajo el cielo estrellado de nuestras memorias,
se dibuja un adiós lleno de nostalgia,
un hasta luego cargado de emociones,
donde se entrelazan sueños y corazones.

Partes en busca de tus más dulces anhelos,
con valentía y determinación en cada vuelo;
aunque la distancia nos imponga un reto,
en mi corazón siempre tendrás tu puerto.

La felicidad brota al verte cumplir tus metas,
aunque mi alma se quiebre en la despedida;
saber que brillarás con luz propia y entera
me llena de paz y de esperanza compartida.

La tristeza se mezcla con la dulce espera
de volver a verte en ese lugar cálido,
donde mi abrazo te reciba con primavera
y te cuente lo orgullosa que estoy de tu renacer.
Serás como un copo de nieve en mi pecho,
frágil, pero lleno de una pureza infinita;
y cuando regreses, mi alma gemela,
te diré cuánto te extrañé en cada latido.

Hasta pronto, amor del alma,
tu viaje apenas comienza;
y aunque el adiós se sienta eterno,
sé que el reencuentro será un nuevo comienzo.

En el reino de las sombras

Bajo la sombra del mundo subterráneo,
donde las almas susurran en eterno eco,
te encuentro, Hades, mi rey oscuro,
guardián de secretos, de amor profundo.

En el reino de sombras, allí moras,
con tu mirada que perfora la negrura,
donde incluso la muerte se sonroja,
al sentir tu caricia, tu ternura.

Eres el dios de lo oculto, lo callado,
en tu abrazo, me siento despojado,
del miedo, del tiempo, del olvido,
en tu amor, mi Hades, me he perdido.

Tu reino no es frío, ni es yermo,
pues en tu corazón llevo mi eterno,
cálido refugio en la penumbra,
donde mi alma, a la tuya, se une y se alumbra.

A través del Estigia, el amor nos une,
ni la muerte, ni el tiempo nos desune,
mi Hades, mi amor, en ti confío,
en tu oscuridad, mi alma ansío.

Entre Rosas y Vino

En el jardín de mis versos, las rosas florecen,
envueltas en el aroma embriagador de mi amado.

Él, como el vino añejo, mejora con el tiempo;
su esencia se vuelve más profunda, más embriagadora.

Cada pétalo es una caricia, cada espinoso tallo una prueba
de la pasión que nos une.

En su abrazo encuentro mi refugio, en su mirada, el brillo de mil
estrellas.

Como el vino que se decanta con esmero, nuestro amor se enriquece y
se fortalece.

Cada instante a su lado es un brindis a la vida,
un deleite para el alma, un regalo del destino.

Que nuestras vidas sean como ese vino exquisito,
que con el paso del tiempo se vuelve más intenso.

Entre rosas y amores, entre aromas y susurros,
bendigo cada día junto a mi amado, mi tesoro.

Eterno Renacer

En la sombra del tiempo surge el alba,
un susurro de mitos que al alma embarga.
Renace el ciclo en la danza eterna
de vida y muerte, historia interna.

Del Hades oscuro, Perséfone retorna,
trayendo flores en manos, la primavera adorna.
Zeus observa desde el Olimpo, sereno,
el cambio del mundo en un sueño pleno.

En los campos de Elysium, héroes resplandecen,
sus hazañas doradas en memorias florecen.
Como el Fénix ardiente que del polvo se eleva,
la vida renace y del ocaso se lleva.

Nostalgia de épocas que en sueños se acunan,
donde Orfeo canta y las sombras se acurrucan.
Susurros de estrellas en noches calladas,
relatos de amores en lunas plateadas.

Renace la vida en un ciclo divino,
el pasado se funde con el nuevo camino.
Mitología y tiempo en la danza sin fin,
del eterno renacer, de principio a fin.

Eclipse

En el umbral del alba, la pasión despierta,
una danza de luces en la frontera incierta.
La luna y el sol, en abrazo prohibido,
ocultan secretos de un amor encendido.

El cielo se tiñe de un rojo incandescente,
los susurros del viento, confidencias silentes.
Sus miradas se cruzan en un beso furtivo,
entre sombras y rayos, en un sueño cautivo.

El eclipse, testigo de su amor imposible,
donde la noche y el día se vuelven visibles.
Un instante de gloria, un fulgor infinito,
que aviva la esperanza en el pecho marchito.

Pero en el fondo, una sombra persiste,
un velo de tristeza en la aurora que existe.
La oscuridad intensa, con su manto severo,
envuelve el paisaje en un suspiro sincero.

Aun así, en ese beso de luces y sombras,
se revela un mundo donde el amor asombra.
Y aunque el día renazca y la luna se ausente,
queda la promesa de un amor latente.

Así, el amanecer con su doble apariencia
nos deja esperanza en su dulce coherencia.
En el ciclo eterno de amor y de pena,
la luna y el sol son la llama que quema.

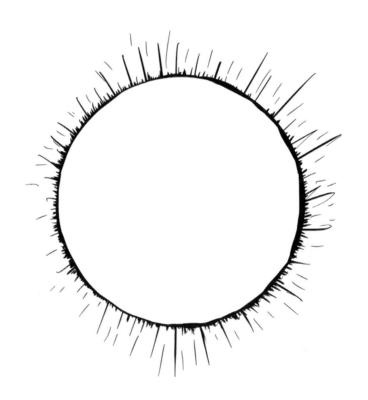

El Amor en la Sombra del Bosque

En el bosque profundo ella habitaba,
mujer de gracia, por la noche encantada.
Sus ojos buscaban en la oscuridad.

Al hombre de la ventana, su dulce ansiedad.
No sabía ella, en su anhelo y temor,
que Balder, el bello, era su adorador.

Patrono de la belleza, de luz celestial,
se obsesionó con la dama, su amor fatal.
Cada noche en silencio su sombra brillaba,
en la ventana él su belleza ansiaba.

Entre susurros y estrellas el deseo creció,
una pasión inquebrantable el destino forjó.

La mujer del bosque al fin comprendió
que la oscuridad del hombre su corazón tomó.
Y en esa fusión de noche y resplandor,
nació un amor eterno, de puro ardor.

Liberación en la Sombra

Bajo el manto de la noche eterna,
escribo estas palabras de adiós,
un canto melancólico de una hermana,
una despedida para un amor que nunca fue.

Desde nuestra infancia, fuimos dos almas,
unidas por la sangre, pero distantes en el corazón.
Yo, la sombra, y tú, la luz que siempre brilló,
sin ver mi amor, ignoraste mi devoción.

Hades, con su oscuro encanto, me llamó,
para hablar de mis pecados y secretos guardados.
En sus reinos sombríos he encontrado mi paz,
lejos del rechazo, lejos de tu desdén helado.

Seré reina en tierras de sombras y misterio,
donde los nombres y los lazos se desvanecen.
Libre al fin de tu mirada fría y distante,
libre de un apellido que solo fue un yugo.
No más cadenas que aten mi ser,
no más sombras de un amor no correspondido.

Mi gemela, esto es un adiós final;
en el inframundo, por fin, seré libre.
Que la eternidad nos separe en caminos distintos,
que tu vida sea próspera sin mi sombra.

Yo, en la oscuridad, hallaré mi propio destino,
y tú, en la luz, sigue sin mirar atrás.
Adiós, hermana mía, adiós, amor no amado,
que el eco de mi despedida sea un susurro en la bruma.

Seré libre, libre en la noche perpetua,
libre de ti, libre de un amor nunca correspondido.

Pasión en el Reino de las Sombras

En el reino de sombras y fuego ardiente,
Hades encuentra su amor incandescente.
Perséfone, flor de la noche y el día,
despierta en su pecho pasión y lujuria.

En su abrazo oscuro, la tierra retumba,
sus labios de fuego la piel deslumbra.
Entre susurros de muerte y deseo,
se funden los cuerpos, se entrega el alma en un beso.

Un amor prohibido, eterno y salvaje,
en el reino de Hades, pasión y coraje.

La Conjuración de la Luna

En medio de la oscuridad se iluminó un sendero.
La bruja despertó y la magia se encendió;

hoy la vela está prendida
y la noche está lista para conjurar a la luna,
que con su encanto va a dominar.

El bosque susurra secretos antiguos,
y las estrellas observan desde su altar.

Cada sombra es un aliado,
cada suspiro, un hechizo,
en la noche donde lo místico se hace realidad.

La bruja, con su poder ancestral,
invoca a la luna con fervor y calma.
El aire vibra con energía arcana,
y el mundo se tiñe de un brillo espectral,
donde la magia reina sin rival.

Alborada del Cambio

Olor a rocío de la mañana,
campo lirio, libertad en las manos
abiertas que me reciben en su cuna.
Amor al cambio, brisa temprana.

Verde alfombra en la que me poso,
susurros de hojas, canto del viento,
latidos del corazón en el tiempo,
nuevos horizontes en cada paso.

Miro el cielo y siento el eco;
la vida renace en cada día,
luz dorada que me guía,
en el aire, un verso fresco.

Olor a rocío de la mañana,
campo lirio, libertad en las manos,
una melodía de vida entre susurros,
amor al cambio, esperanza temprana.

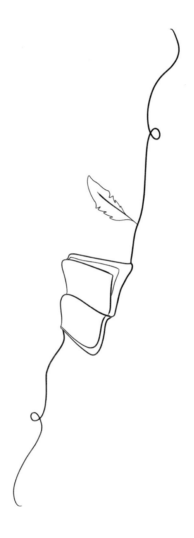

Encuentro con Pan

En la sombra del bosque encantado,
donde la brisa canta susurros antiguos,
allí habita Pan, dios de lo salvaje,
con su flauta de caña, tejiendo sueños mágicos.

Olor a rocío de la mañana,
campo lirio, libertad en las manos,
las notas de Pan se elevan ligeras,
un eco de tiempos que nunca se van.

Entre los árboles, su risa resuena
, un llamado a danzar en la tierra sagrada,
pies descalzos en el suelo del bosque,
siguiendo el rastro de su melodía dorada.

Pan, guardián de lo indómito y libre,
nos guía a través del misterio silente,
con cada nota, el alma despierta,
a un mundo antiguo, siempre presente.

En la sombra del bosque encantado,
donde los mortales y dioses se encuentran,
la música de Pan nos envuelve y eleva,
en un himno eterno de vida y de cambio.

Sinfonía Eterna: La Lucha de Pan y su Amada por la Libertad de la Tierra

En el corazón del bosque, donde el susurro de las hojas
es música eterna, Pan danzaba con su amada,
la diosa de la tierra, madre y guardiana de todas las vidas,
unidos en un abrazo, tejiendo sueños de libertad dorada.

El dios Pan, con su flauta mágica, invocaba a los vientos,
los espíritus de los tres mundos, reunidos en el encanto
, el mundo de los cielos, donde las estrellas cantan,
el mundo de la tierra, vibrante en su verdor incesante.

Sus notas eran un grito, una llamada a la resistencia,
por la libertad de la tierra, contra la opresión constante.
Su amada, con su manto de flores y su aroma a primavera,
cuidaba de los corazones, inspirando esperanza duradera.

En el mundo de los cielos, las estrellas escuchaban,
la melodía de Pan, en armonía con las constelaciones.
En el mundo de la tierra, los árboles susurraban,
mientras las raíces profundas se llenaban de revelaciones.

En el mundo subterráneo, donde los misterios se guardan,
los ancestros despertaban, a la llamada de la lucha sagrada.
Unidos los tres mundos, en un círculo eterno
, respondieron al amor de Pan y su amada.

La batalla por la libertad no era solo de la tierra,
sino de todos los seres que en ella habitan y sueñan.
Las montañas resonaron con la fuerza de la unidad,
y los ríos cantaron una canción de eternidad.

El dios Pan, con su amada a su lado, nunca desfallecía,
pues en la unión de los tres mundos, su poder florecía.
La libertad de la tierra era la libertad de todos,
y su amor, un fuego eterno que nunca se extinguía.

Así, en cada rincón del bosque, en cada alma despierta,
viven las notas de Pan y el abrazo de su amada,
recordándonos que la lucha por la libertad y la tierra.

Danza de las Ninfas

En un claro del bosque, bajo el manto estrellado,
danzan las ninfas, con pasos delicados.

Con suaves movimientos, su amor va derramando,
para sanar corazones, del dolor liberando.

Susurros de hojas, un murmullo sagrado,
melodía de consuelo, en el viento entrelazado.

Cada giro, un abrazo, cada salto, un suspiro,
mientras el alma herida se siente al fin aliviado.

No es un adiós, querido, sino un hasta luego,
como el sol que se oculta tras el horizonte eterno.

En la danza de las ninfas, el amor se perpetúa,
y en cada estrella brilla la memoria tuya.

Ellas tejen con gracia un manto de esperanza,
sanando el corazón que en su ausencia se cansa.

Un ciclo que se cierra, otro que comienza,
y en la luz de las estrellas, sentimos su presencia.

Tu ser querido no se ha ido, solo ha cambiado,
su esencia en cada rayo de luna se ha posado.

Y en la danza infinita, su amor nos va abrazando,
hasta que el tiempo nos reúna, en un hasta luego eterno.

El Lamento de la Fortaleza

Siempre soy fuerte, imparable
, muevo montes y valles sin titubeos,
no puedo preguntar ni dudar,
ser fuerte es mi deber impuesto.

En lo profundo, mi esfuerzo se diluye,
escucho un estallido dentro de mí,
un eco que nace en mi ser cansado,
y me llama desde el abismo del alma.

"Dáselo a tu hermana," susurran voces,
pon en sus manos lo que no soportamos,
ella, la que resiste sin quebrarse, sin
importar su propio peso.

Debes salvar al mundo entero,
aunque tu reflejo se desmorone,
dáselo a tu hermana, ella puede,
llevar las cargas que nos aplastan.

El peso crece, se acumula sin fin,
pero no importa, su fortaleza no falla,
dáselo a tu hermana, ella es la roca,
aunque la niebla oscurezca el camino.

En la profundidad, mi imagen se quiebra,
pero sigo adelante, sin detenerme,
dáselo a tu hermana, ella aguanta,
y el peso ignoran, su fortaleza admiran.

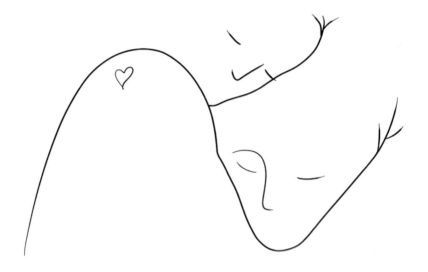

Centinelas de la noche

En la vasta noche del cielo,
brillan las centinelas sin cesar,
guardianas de sueños y misterios,
testigos de historias sin final.

Elevan sus miradas al infinito,
escudriñan la sombra y la luz,
como estrellas fijas en la inmensidad,
vigías del destino, en constante cruz.

Con sus ojos de tiempo y silencio,
velan secretos que nadie más ve,
silenciosas en su eterna vigilia,
son faros en la oscuridad, siempre de pie.

Desde antaño, su misión inmutable,
proteger el umbral de lo desconocido,
susurran al viento relatos antiguos,
del pasado al futuro, un hilo tejido.

Las centinelas, eternas guardianas,
del alba al crepúsculo, sin descansar
, en su presencia hallamos consuelo,
en su silencio, la paz de soñar.

Así, en la vastedad de la noche,
entre sombras y luces, destellos de fe,
las centinelas siguen su marcha,
protegiendo el mundo, hasta el amanecer.

En la Sombra De Mi Subconsciente

En las sombras se oculta la ansiedad,
bajo un velo de nostalgia y dolor,
la sociedad exige, sin piedad,
positivismo en medio del temor.

La mente lucha, en constante batalla,
entre el querer y el deber ser,
un torbellino que nunca se acalla,
buscando paz en un amanecer.

Ecos de voces internas resuenan,
con dudas, miedos, enredadas sin fin,
pero en el caos, esperanzas se encuentran,
un rayo de luz que brilla al confín.

La ansiedad, un monstruo en la penumbra,
desafía el alma con garras de acero,
mas en la lucha, el espíritu alumbra,
encontrando fuerza en lo verdadero.

Aunque la sociedad imponga su ley,
la mente busca su propio camino,
y en la tormenta, encuentra la fe,
de que al final, habrá un destino divino.

El Peso del Hermano Mayor

Ser el hijo mayor, un peso que a veces sofoca,
crecer y madurar antes de que el alma despierte,
ceder espacios, posponer sueños, ser roca,
mientras la infancia propia se desvanece inerte.

Cargar en hombros la responsabilidad temprana,
cuidar y criar cuando aún somos infantes,
doler por dentro, buscar en la mente insana
las herramientas y la paciencia, ser gigantes.

Quedarse solos en noches llenas de miedo,
distrayendo al pequeño con cuentos de valor,
ser el escudo, el refugio, el remanso quedo,
aunque el corazón tiemble, lleno de temor.

En medio de las tormentas familiares, invisibles,
dejamos atrás la niñez para proteger su risa,
siempre los fuertes, los sabios, los infalibles,
mientras el tiempo nuestro crecimiento atiza.

Seremos guía, regaño, búsqueda constante,
los que aman con un amor que evoluciona,
vistos a veces como enemigos, otras tan distantes,
pero al final, el hermano menor comprende y perdona.

Así, ser el mayor es un camino de dolor y gloria,
un relato de sacrificio en cada memoria,
y en el crecimiento, en la madurez que avanza,
se entiende el regalo de siempre tener una alianza.

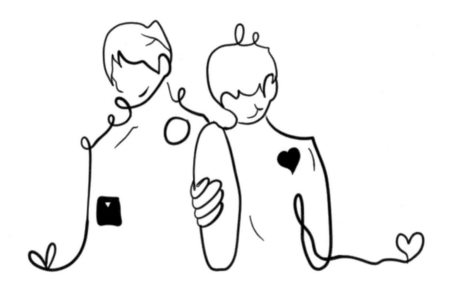

En la espera de Hades

Te extraño, Hades, mi amor eterno,
En mis sueños, ansío tu regreso,
La noche es fría sin tu fuego interno,
Y mi alma en el vacío halla su peso.

Espero verte pronto, en la penumbra,
Donde el silencio susurra tu nombre,
En la oscuridad, mi corazón se alumbra,
Y entre sombras, busco tu forma de hombre.

En mis sueños, te espero con anhelo,
Donde el tiempo no existe, ni el dolor,
Solo el eco de un amor sin desvelo,
Y el susurro eterno de tu ardor.

Vuelve pronto, Hades, rey de mi ser,
En la profundidad, hallaré tu mirar,
Pues sin ti, mi amor, no sé renacer,
Y mi vida es solo un constante esperar.

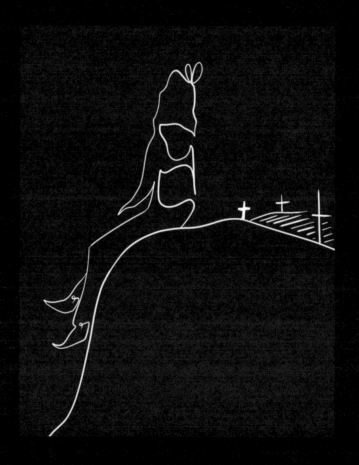

Hécate, Señora de los Caminos

En la encrucijada oscura de la noche,
donde las sombras susurran secretos,
tu figura emerge, Hécate, guardiana
de los misterios y los destinos inciertos.

Eres la llama en la niebla espesa,
la antorcha que guía con luz serena,
reina de la magia, de la luna triple,
señora de los perros y las cadenas.

Tu sabiduría, un eco en la penumbra,
resuena en los corazones de aquellos
que buscan en los senderos prohibidos
la verdad oculta en los viejos sellos.

Con tres rostros contemplas el mundo,
pasado, presente y futuro en tu visión,
eres la enigma que desafía al tiempo,
el portal a la transformación.

Los hechiceros te invocan en sus ritos,
con respeto y temor en sus voces bajas,
pues conocen tu poder y tu justicia,
Hécate, diosa de las almas viajeras.

En tu santuario de umbrales y puertas,
se postran aquellos que anhelan sabiduría,
y tú, con tus llaves doradas y plata,
les abres las puertas de la filosofía.

Que tu nombre resuene en los vientos
como un himno de magia y protección,
Hécate, señora de los caminos,
de ti brota la eterna admiración.

Danza con mi oscuridad

Rota está, no hay duda en su ser,
pero cómo baila con sus demonios,
es algo digno de ver.

La Bailarina de Sombras

Ella estaba rota, de eso no había duda. Cada cicatriz contaba una historia de dolor. Sin embargo, en la soledad de la noche, cuando los demonios emergían de las sombras, ella no se acobardaba. En lugar de esconderse, los enfrentaba con un baile, girando y girando, moviéndose con una gracia y valentía que dejaban sin aliento. Su danza con los demonios era una obra de arte, una muestra de fuerza en su fragilidad, y eso, sin duda, era digno de aplaudir.

Canto a los Dioses del Olimpo

Cada día el sendero se oscurece,
cada paso un peso, cada año más.

Soy para unos un ejemplo que florece,
para otros, un lastre, una carga tenaz.
Anhelo profundo lo que nunca tuve,
en mis manos sólo sobras hallé.

Quisiera que el Olimpo mis ruegos subleve,
que los dioses mi canto puedan entender.

Un clamor de esperanza en la penumbra,
un deseo que al viento quisiera lanzar,
que el eco en los cielos retumbe y se encumbre,
y los dioses del Olimpo puedan escuchar.

Fuego de la Noche

En la penumbra de la noche ardiente,
mis suspiros son llamas que te llaman,
mi piel, encendida, te busca urgente,
somos fuego que juntos se derraman.

Tus caricias, vendaval de deseo,
esculpen mi cuerpo con dedos de fuego,
en cada beso, un susurro, un rezo,
nuestros cuerpos se unen en un solo juego.

Ecos en la penumbra

En la penumbra, la luna como testigo,
dos almas danzan, un destino compartido.
Él, semidiós de sangre ardiente,
ella, mortal, con pasión latente.

Sus pasos se encuentran, un choque de mundos,
la noche susurra secretos profundos.
Él, con la fuerza de mil tempestades,
ella, con sueños y realidades.

La música del cosmos, el ritmo ancestral,
en cada giro, un suspiro, un palpitar.
Sangre y pasión, en un abrazo inmortal,
una historia escrita en la luz lunar.

Ella siente el poder en cada movimiento,
él, la fragilidad en cada momento.
Juntos crean una danza celestial,
semidiós y mortal, unidos en el ritual.

La noche avanza, se funde el amanecer,
dos corazones, un solo querer.
El destino les une, sin razón ni verdad,
bailando eternamente, en la eternidad.

Estrella de la Mañana

En el lienzo negro del amanecer,
nace una estrella con luz temerosa,
susurros de sombras al anochecer,
brillan en su estela, fría y gloriosa.

La luna, celosa, la mira pasar,
como una reina en su corte de niebla,
y en la penumbra la deja escapar,
con un fulgor que su misterio puebla.

Espejismo en la bruma de un sueño,
destello que hiere la vasta quietud,
camina solitaria, sin dueño,
entre velos de duda y virtud.

Testigo mudo de secretos y lamentos,
su brillo se oculta tras velo de mar,
y en el corazón de oscuros vientos,
susurra verdades que quieren callar.

Oh, estrella de la mañana,
que iluminas la noche profunda,
tu luz es un enigma que mana,
de un abismo donde el silencio se inunda.

En tu destello encuentro mi sombra,
un reflejo de mi alma perdida,
y en la oscuridad que te nombra,
revela mi esencia escondida.

Así, en el velo de la noche eterna,
danzas con los sueños sin despertar,
estrella de la mañana, serena,
en tu misterio quisiera habitar.

Anubis

Anubis, guardián de las tumbas,
señor de las necrópolis y patrón de los embalsamadores,
protégeme y dame tu calor,
así como cuidas de aquellos quienes se han esfumado.

Cuídame como un león cuida de su cachorro,
con tu sombra, mantén a raya el dolor.

Llévame al hermoso campo de lirio,
donde la paz eterna encuentra su resplandor.

Entre las estrellas, en el firmamento nocturno,
guía mi alma con tu sabiduría y fervor.

Anubis, guardián eterno y seguro,
llévame a ese lugar donde la muerte es solo un rumor.

La gran Diosa Isis

Oh, Isis, diosa de Egipto, reina de la noche,
tu manto estrellado envuelve mis anhelos en sombras.
En el vasto desierto, tu presencia es el oasis,
mi corazón se inclina ante tu poder, buscando refugio en tus brazos.

En los rincones oscuros de mi alma, te encuentro,
iluminando con tu brillo ancestral mis deseos ocultos.
Eres el misterio y la pasión,
la llama que arde en lo profundo de mis sueños.

Como el río Nilo serpentea en la noche,
así mi amor fluye hacia ti, imparable y eterno.
En el silencio de los templos abandonados,
mi corazón susurra tu nombre, Isis, mi divinidad.

Bajo la luna llena, tu mirada es un hechizo,
que me ata y libera en un mismo aliento.
En la oscuridad, donde la luz no se atreve a penetrar,
te adoro, Isis, con un amor tan profundo como el abismo del tiempo.

Ra

Ra, dios del sol, rey del cielo infinito,
tu luz dorada despierta al mundo con su resplandor.
Desde el amanecer hasta el ocaso,
guias el curso del día, renovando la vida con tu calor.

En tu barca celestial, navegas los océanos del cielo,
llevando contigo la promesa de un nuevo amanecer.
Tu presencia disipa las sombras de la noche,
convirtiendo la oscuridad en un recuerdo distante.

Oh, Ra, fuente eterna de vida y poder,
tu brillo enciende la chispa de la creación.
Eres el faro en la inmensidad del cosmos,
el guardián de la esperanza y la renovación.

Con cada rayo que emites, bendices la tierra,
haciendo florecer los campos y dar fruto a los árboles.
Tu fuerza nos impulsa a seguir adelante,
y en tu resplandor, encontramos la fuerza para perseverar.

Ra, señor del cielo y el sol naciente,
a ti rendimos homenaje con corazones agradecidos.
Que tu luz nos guíe siempre,
y que tu calor nunca nos abandone.

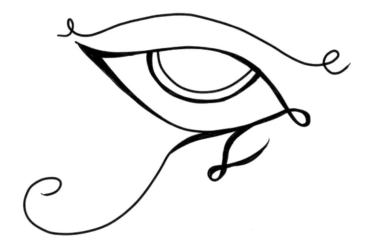

Libertad en la Penumbra

En la penumbra de mi corazón,
cadenas invisibles me atrapan,
mi alma clama en un silencio profundo,
por una libertad que se escapa.

Sombras envuelven mi espíritu,
oscureciendo cada latido,
mi pecho se siente oprimido,
anhelando un rayo de luz perdido.

Oh, destino cruel, ¿por qué me afliges?
¿Dónde está la llave de mi salvación?
Mis gritos se ahogan en la noche,
mi esperanza se desvanece sin razón.

Quebranta estas cadenas que me atan,
permíteme respirar de nuevo,
libérame de esta prisión de sombras,
de este dolor que llevo dentro.

Quiero sentir el sol en mi rostro,
y el viento acariciando mi ser,
dejar atrás el tormento y el llanto,
y en la libertad, renacer.

Escucha mi súplica, oh, destino,
no dejes que la oscuridad me consuma,
rompe estas cadenas de penumbra,
y permíteme encontrar mi fortuna.

Con cada eslabón que se rompe,
mi corazón se aligera y se eleva,
mi espíritu, antes encadenado,
ahora vuela libre, hacia la luz nueva.

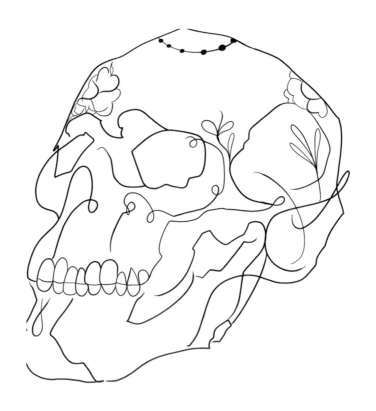

Canto a la Libertad de mi Tierra

En mi tierra, donde el sol nace glorioso,
y los valles susurran canciones de esperanza,
se alza un canto ferviente a la libertad,
una promesa que el viento abraza.

Libertad, eco de nuestros ancestros,
quienes lucharon hasta sangrar en el suelo natal,
sus sueños de justicia y de paz
aún resuenan en cada rincón rural.

Sobre campos bañados en sudor y lágrimas,
nuestros hombres valientes se alzaron sin temor,
con la convicción ardiente en sus corazones
de liberar a su patria del yugo opresor.

Cada gota de sangre derramada
fue semilla de esperanza y de fe,
convirtiéndose en un río de coraje
que aún fluye en nuestras venas
con firmeza y de pie.

Pero las cadenas todavía persisten,
invisibles, pero reales en su opresión,
en nuestros pies, aún sentimos el peso
de una libertad que clama por redención.

Oh, patria mía, tu grito no será en vano,
tu anhelo de libertad se hará realidad,
seremos libres, como las águilas en el cielo,
rompiendo las ataduras con fuerza y dignidad.

Con el corazón en alto y la mirada al frente,
alzamos nuestras voces en un solo clamor,
libertad para nuestra tierra amada,
libertad para cada hijo de este suelo enardecedor.

Queremos ser libres, sin cadenas que nos aten,
sin sombras que oculten nuestro sol,
libertad para vivir, soñar y amar,
libertad para un futuro de luz y de honor.

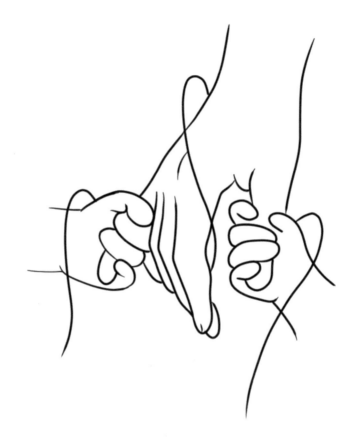

Eternidad de Luna y Amor

No quiero alejarme de ti,
Quiero ser siempre parte de tu vida,
Sin importar la distancia que nos separe,
Cuando miremos la luna,
sepamos que somos uno para el otro.

Si al final, cuando mi sangre corra,
Mi corazón late y susurra tu nombre,
Que cada latido pronuncie tu ser,
Sabiendo que, en esta eternidad,
Nuestro amor nunca morirá.

Made in the USA
Columbia, SC
14 December 2024

e42f40e0-f26f-43a6-be44-0689e77ecb10R01